ស្តូ ស្តី

ដោយ Jennie Marima

គូរូបដោយ Jovan Carl Segura

Library For All Ltd.

សួស្ដី

កំណែនេះត្រូវបានបោះពុម្ពផ្សាយនៅ 2022

បានបោះពុម្ពផ្សាយដោយ Library For All Ltd
អ៊ីមែល៖ info@libraryforall.org
URL: libraryforall.org

The Asia Foundation

រូបភាពដើមដោយ Jovan Carl Segura

សួស្ដី
Marima, Jennie
ISBN: 978-1-922835-91-8
SKU02766

ស្ត្រី

ខ្ញុំឈ្មោះឡូឡា។ ខ្ញុំមានមិត្តច្រើនណាស់។
គោះមកសួស្ដីពួកគេជាមួយខ្ញុំ!

សួស្តីព្រះអាទិត្យ ជំហើយចែងចាំង!
អ្នកធ្វើឱ្យពេលថ្ងៃមានពន្លឺត្រចេះ
ត្រចង់។

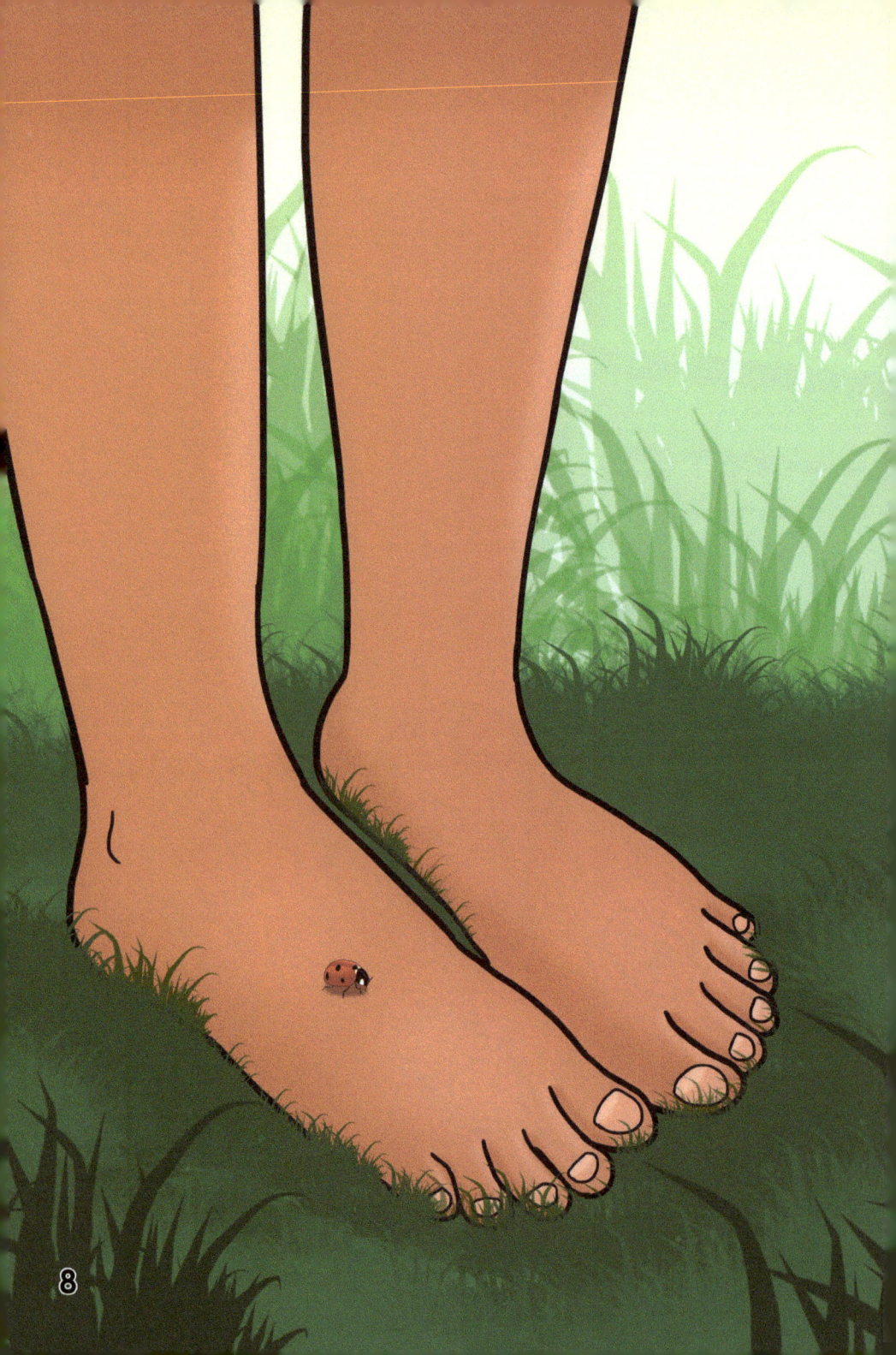

ស្វស្តីស្មៅទន់ហើយបែតងខ្ញី!
អ្នកខ្យកន្លែងសម្រាប់ពួកយើងលេង។

សួស្ដីមេឃ
ធំល្វឹងល្វើយហើយខៀវស្រងាត់!
អ្នកធ្វើឱ្យពិភពលោកពោរពេញទៅដោយ
ពណ៌ខៀវ។

សួស្ដីព្រះចន្ទ នៅក្នុងទីងងឹក!
អ្នកធ្វើឱ្យពេលយប់មិនសូវងងឹតទៅ។

សួស្ដីផ្ទាយ ធំហើយភ្លឺ! អ្នកធ្វើអោយ
ពេលយប់មានភាពស្រស់បំព្រាង។

ស្ពឺខ្យល់ ខ្លាំងហើយរំភាយជាត់!
អ្នកបក់រវិៗដែលនៅជុំវិញ
ហើយធ្វើឱ្យត្រជាក់។

ស្វាគមន៍ក្លៀង កំពុងបង្គូចុះមក!
អ្នកនាំទឹកមក និងភាពត្រជាក់មក
ស្រោចស្រពដីរបស់យើង។

ស្តីផ្លេកបន្លោចាំងពីលើមេឃខ្លួស!
ពន្លឺដៃចងចាំងរបស់អ្នកធ្វើ
ឱ្យយើងភ័យខ្លាច។ ស្តីផ្គរ
គ្រហឹមឡើងក្នុងពេលភ្លៀង។
អ្នកបន្លឺសំឡេងផាំងៗ ញូខ្លុរខ្លឺខ្លាំង។

ស្ងួស្ងី សំណើមដំណក់ទឹកតូចៗ!
អ្នកធ្វើឱ្យផ្ទៃដីទន់ហើយសើម។

សួស្តីដើមឈើធំ ហើយវិងមាំ!
អ្នកផ្តល់ខ្យល់យើងនូវម្លប់
និងផ្លែសម្រាប់ញ៉ាំ។

ស្តីចាប ហោះហើរនៅលើមេឃ!
អ្នកកំដរពេលថ្ងៃដោយសំនៀងគួរជាទី
គាប់ចិត្ត។

ស្វាគមន៍អ្នកអានសៀវភៅនេះ!
ពួកយើងនេះបានជួបមិត្តភក្តិខ្ញុំហើយ
សូមជួយណែនាំមិត្តភក្តិរបស់អ្នកឱ្យខ្ញុំ
បានស្គាល់ផង!

អ្នកអាចប្រើសំណួរទាំងនេះដើម្បីនិយាយ
អំពីសៀវភៅនេះជាមួយគ្រួសារ មិត្តភក្តិ
និងគ្រូរបស់អ្នក។

តើអ្នកបានរៀនអ្វីខ្លះពីសៀវភៅនេះ?

ពិពណ៌នាសៀវភៅនេះក្នុងមួយពាក្យ។ កំប្លែង?
គួរឱ្យខ្លាច? ចម្រុះពណ៌? គួរឱ្យចាប់អារម្មណ៍?

តើសៀវភៅនេះធ្វើឱ្យអ្នកមាន
អារម្មណ៍យ៉ាងណាពេលអានចប់?

តើមួយណាជាផ្នែកដែលអ្នកចូលចិត្ត
ជាងគេនៃសៀវភៅនេះ?

ទាញយកកម្មវិធីអ្នកអានរបស់យើង។
getlibraryforall.org

អំពីអ្នករួមចំណែក

បណ្ណាល័យសម្រាប់ទាំងអស់គ្នា ធ្វើការជាមួយអ្នកនិពន្ធ និងអ្នកគំនូរមកពីជុំវិញពិភពលោក ដើម្បីបង្កើតរឿងប្លែកៗ ពាក់ព័ន្ធ និងគុណភាពខ្ពស់សម្រាប់អ្នកអានវ័យក្មេង។

សូមចូលមើលគេហទំព័រ libraryforall.org សម្រាប់ព័ត៌មាន ចុងក្រោយបំផុតអំពីព្រឹត្តិការណ៍សិក្ខាសាលារបស់អ្នកនិពន្ធ គោលការណ៍ណែនាំការដាក់ស្នើ និងឱកាសថ្មីៗប្រខិតផ្សេងៗទៀត។

តើអ្នកចូលចិត្តសៀវភៅនេះទេ?

យើងមានរឿងដើមដែលរៀបចំដោយអ្នកជំនាញរាប់រយ រឿងទៀតដើម្បីជ្រើសរើស។

យើងធ្វើការក្នុងភាពជាដៃគូជាមួយអ្នកនិពន្ធ អ្នកអប់រំ ទីប្រឹក្សាវប្បធម៌ រដ្ឋាភិបាល និង NGOs ដើម្បីនាំមកនូវ សេចក្តីរីករាយនៃការអានដល់កុមាគ្រប់ទីកន្លែង។

តើអ្នកដឹងទេ?

យើងបង្កើតផលប៉ះពាល់ជាសាកលក្នុងវិស័យទាំងនេះ ដោយប្រកាន់យកគោលដៅអភិវឌ្ឍន៍ប្រកបដោយចីរភាព របស់អង្គការសហប្រជាជាតិ។

www.ingramcontent.com/pod-product-compliance
Lightning Source LLC
Chambersburg PA
CBHW040313050426
42452CB00018B/2824